AF335835

DE L'INSTRUCTION,

Par le citoyen Pain, auteur du *Traité du Mécanisme des mots de la Langue Française*, etc. (1).

L'instruction, considérée dans tous ses effets, est un art très-étendu ; dirigée selon le besoin des individus et de la société, ses succès, sa puissance sont incalculables et ses ressources inaltérables. L'homme naturellement sensible, intelligent, moral et perfectible, jouit des objets qui l'environnent ; ils font naître en lui un besoin, excitent un désir, développent une faculté, perfectionnent une vertu. Jouir sur-tout de la société de ses semblables est pour lui un besoin impérieux. Sa perfectibilité est la conséquence de sa sociabilité. L'art qui le met à même de vivre avec ses semblables doit donc être regardé comme le fondement de son bonheur. Comment peut-il y atteindre ? C'est en parlant, en lisant, en écrivant leur langue, qu'il peut communiquer avec eux ; sans cela, il est isolé, sans jouissance, malheureux.

---

(1) Cet ouvrage se trouve à Paris à l'Imprimerie de l'École Française, rue des Prouvaires, N°.5, et chez Bailly, libraire, barrière des Sergens, rue Saint-Honoré ; prix 6 fr. complet, et 7 fr. 50 c. avec le jeu de lecture dans son étui.

L'homme, en naissant, n'apporte que des dispositions ; il est donc obligé de tout apprendre ; mais ces dispositions, leur développement et leurs succès, il les doit à l'instruction. Si le gouvernement ne s'occupe pas à enter, en quelque sorte, sur la nature ce qui lui manque de perfections, à embellir et à améliorer l'espèce humaine, les arts, les sciences, le commerce languiront, et jamais nous n'aurons de nouvelles jouissances ni de prospérité nationale.

Les richesses et la prospérité d'un gouvernement consistent donc dans le développement des facultés physiques, morales et intellectuelles des citoyens. La nature travaille les premières ; l'éducation, à l'aide des sens, des objets extérieurs et de l'expérience, façonne les secondes ; et les leçons des instituteurs, en éclairant la raison, leur donne à toutes une direction vers le bien général et le bien particulier.

L'instruction, urgente pour tous les hommes, est de savoir PARLER, LIRE, ÉCRIRE LEUR LANGUE, ET CALCULER. Les trois premiers objets, quoique très-importans, n'ont point encore eu de principes ou de règles accessibles à toutes les classes, parce que cette tâche, difficile à remplir, n'offrait que de l'ennui, des dégoûts et peu de considérations ; ajoutons à cela, que cette partie de l'enseignement, ne promettant que des succès toujours difficiles et incomplets, a été totalement négligée. Rassembler pour la première fois tout ce qui pourrait concourir à la perfection de cet art important était de tenter un ouvrage fastidieux pour la perfection duquel on n'avait aucun modèle à imiter. Par conséquent, une méthode courte, claire, facile et propre à contribuer efficacement au développement des facultés naturelles de la classe la plus nombreuse des citoyens, continuera de fixer l'attention du gouvernement (1).

PARLER, LIRE, ÉCRIRE CORRECTEMENT ET CALCULER, est ce que l'on entend par instruction du peuple. 1°. Il parle mal ; les maîtres qui pourraient le lui enseigner lui manquent, et ceux qui l'enseignent ne le savent en général que mal ou point du tout : il faut donc en former et lui en procurer, sans cette précaution, l'instruction sera toujours sans effet. (Comme on détermine ce que les élèves doivent apprendre dans les écoles, il est indispensable aussi de fixer ce que doivent savoir les maîtres.) 2°. Il n'apprend point à lire, parce qu'il n'a pas de moyens prompts de réussir. Il est constant que c'est de tous les arts nécessaires celui qu'on apprend sans règles ; il fallait donc en établir. Il est rare de trouver des hommes qui aient pu parvenir à le posséder à certain âge : aussi, M. Duclos,

---

(1) Le ministre de l'intérieur, d'après le rapport de l'institut national, a souscrit pour un nombre d'exemplaires qu'il a répandus dans toute la république.

et beaucoup d'hommes instruits ont-ils dit :
CELUI-LA SAIT L'ART LE PLUS DIFFICILE,
QUI SAIT LIRE.

L'instruction est un bienfait que le peuple
français a droit d'attendre d'un bon plan
d'instruction publique. Le gouvernement
éclairé sur les besoins du peuple et sur les
siens particuliers, sait que l'instruction est la
base des sociétés policées, car sans elle, à
quoi serviraient les études des savans, leurs
découvertes, leurs écrits ? sans instruction,
les lois même les plus sages seront ignorées.
Il a maintenant sous la main des moyens de
la rendre par-tout uniforme, de la régulariser
et de répandre des lumières, même dans les
campagnes, séjour qu'habite la partie du
peuple, pour l'instruction de laquelle aucun
gouvernement n'a encore rien établi ; partie
cependant très-utile, puisqu'elle n'est occu-
pée qu'à travailler aux jouissances des habi-
tans des cités. Il ne sera sans doute embar-
rassé que du choix. Il procurera à tous les
Français à-la-fois une méthode propre à exer-
cer et à éclairer leur esprit, et à rendre leur
langue uniforme, source intarissable de richesses et de vertu du peuple, et de prospérité publique.

Outre cela, la science d'un instituteur serait vaine, s'il ne possédait l'art d'enseigner.
Ce n'est pas assez qu'il ait des connaissances,
il doit avoir l'art de les digérer, de les communiquer avec adresse, afin qu'elles se pro-
pagent parmi ses élèves. Des leçons norma-

les (1) me paraissent donc indispensables en
faveur de tous ceux qui se livrent ou qui se
destinent à la noble fonction de l'enseignement. Sans cette précaution, rien n'empê-
chera qu'un français ne soit perpétuellement
étranger dans sa patrie, dans un département voisin, même dans une commune voi-
sine ; parce que l'enseignement et la langue
varient autant qu'il y a d'instituteurs différens. Cette multiplicité de patois est née du
défaut de méthode ; chacun étant nécessité
de se fabriquer une routine, d'autant plus
vicieuse que ceux qui l'inventent sont moins
éclairés.

Ce serait sur tout les femmes qui devraient
être chargées de cette première instruction.
Une fois instruites, elles seront plus propres
à l'enseignement que les hommes. La nature
les a faites les premiers ministres de l'éducation de l'enfance ; ce sont elles qui po-
sent les premiers fondemens de la société,
la perpétuent par leurs soins ; c'est dans leur
sein qu'elles ébauchent l'homme ; c'est dans
leurs bras qu'il commence à sourire, à bal-
butier, et que ses premières dispositions se
développent ; c'est à leur vigilante sollici-
tude, à leur inépuisable tendresse et à leur

____

(1) D'après le plan actuel d'instruction publique,
il ne serait pas difficile, en six mois, de peupler la
France de maîtres en état de bien enseigner. Mes
facultés à cet égard sont à la disposition du gouvernement et de mes concitoyens.

généreuse pitié que la nature confie les époques les plus périlleuses de sa vie ; c'est par elles que la nature prévoyante cultive les premières facultés de l'homme ; elles leur confie les secrets de la morale ; c'est en leurs mains qu'elle a remis le gouvernail de l'indocile adolescence ; ce sont elles seules qui rendent l'homme sociable, elles adoucissent sa rudesse naturelle et le dirigent vers sa perfection ; elles lui procurent les plus douces jouissances dans l'âge viril, dans la vieillesse, dans les infirmités et dans le malheur, elles lui prodiguent des consolations qu'il sollicite envain de ses semblables ; enfin elles font le bonheur de tous les âges de la vie.

De l'enseignement de la Langue française.

Tant que notre Langue n'a été qu'un mélange d'ancien Celte, de Grec et de Latin, elle n'était qu'un jargon inculte et grossier, sans physionomie dans les formes de la prononciation, sans règles dans ses élémens, sans proportion et sans harmonie dans le style. Alors, et seulement alors, il était pardonnable de la négliger ; mais depuis qu'elle fait les délices de tous les peuples civilisés, comment est-il arrivé que la France soit, de tous les pays, le seul où l'on n'ait pas établi de bonnes écoles publiques pour cette même langue ? c'est parce que, sous le risible prétexte de faire étudier à un très-petit nombre les langues savantes de Rome et d'Athènes, on s'est cru dispensé d'apprendre à tous celle de leur patrie, comme s'il était dans l'ordre de procéder de l'inconnu à ce qu'on ne devrait pas ignorer.

C'est aussi au défaut de bonnes règles qu'il faut attribuer cette perpétuelle négligence. Les embarras et les difficultés, qui rendent pénible à apprendre et à retenir l'art de la prononciation, de la lecture et de l'écriture, n'ont pas peu contribué à prolonger ce reste de barbarie. L'impossibilité de distinguer autrement que par un usage, souvent contradictoire, toujours incertain, la valeur d'une consonne ou d'un son, sous une même figure, dans différents mots, a, jusqu'à ce jour, fait de l'étude de notre langue un art de déchiffrer aussi ridicule qu'opposé à la marche naturelle de l'esprit humain. Ce premier art, le plus important de ceux qui sont indispensables à l'instruction, n'a été, jusqu'à présent, surtout pour les enfans, qu'une servitude rebutante et une fâcheuse nécessité. Les étrangers, comme les français n'ont encore trouvé dans l'étude de notre langue qu'un tissu d'énigmes à deviner, des routines de fantaisie qui n'ont servi qu'à masquer l'ignorance des instituteurs et à perpétuer celle des élèves.

Heureusement nous touchons à l'époque où la nation française rivalisera de gloire même à cet égard, avec les anciens peuples qui se sont tant illustrés, et nous verrons dans toutes les écoles des professeurs doués de vrais talents établir cette unité de langage et cette uniformité d'expressions après lesquelles soupirent, depuis long-tems, et les français et les étrangers.

Si l'on considère les fréquentes contrariétés qui existent entre la langue parlée et la langue écrite, on sera convaincu que *lire* est de tous les arts le plus difficile, et qu'il y a de l'extravagance à vouloir l'enseigner aux enfans avant de le dégager de toutes les ronces qui rebutent souvent un esprit adulte et vigoureux. En effet, *lire* n'est autre chose que corriger, redresser à chaque mot, les erreurs, les illusions, je dirais presque les impostures de l'ortographe; tantôt suppléer à la disette; tantôt éluder l'importune rédondance des caractéres; c'est être continuellement sur ses gardes; c'est éviter un piège à chaque syllabe et démentir ses propres yeux; c'est avoir à lutter sans cesse contre les incertitudes, les fausses indications, les représentations équivoques des lettres; c'est faire entendre le plus souvent à l'oreille le contraire de ce qui s'offre à la vue; c'est enfin donner la torture à son intelligence pour deviner à chaque phrase, plus d'énigmes qu'elle ne présente de mots à prononcer.

C'est après avoir éprouvé ces innombrables embarras que j'ai cru qu'il manquait encore à notre langue un *Traité du Mécanisme des mots et une Grammaire pratique* à l'usage des enfans et des étrangers. Les succés de cet ouvrage, des témoignages respectables et multipliés sont les garans que, pour qu'il soit utile aux maîtres et aux élèves, il ne lui manque que d'être adopté dans nos écoles publiques comme il l'est déjà dans des institutions particulières.

EXTRAITS

Des Rapports faits sur le mécanisme des mots de la langue française, etc.

DEPUIS long-tems des Instituteurs patiens et laborieux s'étaient occupés de rechercher des moyens aisés, pour apprendre à l'enfance l'art si difficile de la lecture et le mécanisme de l'orthographe. On avait fait des essais multipliés, dont on se promettait les résultats les plus heureux; des bureaux typographiques, des tableaux de figures avaient été inventés, et l'art restait encore sans règles déterminées. La contradiction perpétuelle entre l'orthographe et la prononciation, l'identité d'élémens dans deux mots où il fallait donner deux, et jusqu'à trois sons différens à la même lettre, continuaient de présenter des difficultés insolubles. Les vrais philosophes qui, dans leur tendre enfance, n'avaient pu triompher, eux-mêmes, de ces difficultés, qu'à force d'application et d'efforts trop souvent inutiles, et toujours péniblement renouvelés, faisaient des vœux pour que ces premiers pas, dans la carrière de l'Instruction, devinssent plus faciles, et qu'on pût abréger le tems d'une étude qui causait tant de chagrins, de dégoûts et de larmes.

Mais tous ces vœux étaient trompés; les épines, semées à l'entrée de la carrière, semblaient n'en pouvoir jamais être arrachées; et l'on eût dit que l'enfance était condamnée, de génération en génération, à dévorer d'éternelles difficultés.

Le citoyen PAIN, après vingt années de fastidieuses recherches, de longues et pénibles observations, et après s'être entouré de tous les secours et de toutes les lumières, semble avoir atteint le degré de perfection vers lequel se portaient, depuis si long-tems tous les vœux et tous les efforts, dans cet Art intéressant dont la connaissance sert d'introduction à tous les autres.

Nous sommes convaincus qu'il a surpassé tous les rivaux qui l'ont précédé, et que sa méthode est la plus fa-

cile, la plus sûre, la plus propre et la plus courte que
nous connaissions, pour apprendre, à la fois, le mécanisme de la parole, de la lecture et de l'orthographe.

Son Ouvrage présente d'abord un premier tableau de
la Langue parlée. Rien ne nous a paru plus utile pour
les étrangers, à qui notre Langue n'est pas encore familière, et, en même tems, pour les enfans qui sont
aussi des étrangers. Ce tableau présente, à-la-fois, et
des figures parfaitement exécutées, où l'enfance comme
l'âge mûr retrouvent le nom et l'image des objets déjà
connus, et la principale combinaison, en caractères ma-
juscules, en caractères courans et en écriture coulée, qui
est destinée à servir de modèle quand il s'agira d'apprendre à écrire. Ces combinaisons appartiennent, chacune, à une des touches de l'instrument vocal. En
découpant ces petites figures, et en en formant autant
de petites cartes, on procure à l'enfant qu'on veut
instruire, le plaisir de former, lui-même, le nom de
l'objet qui l'a frappé sur une des cartes, où sont les
élémens du mot qui est le nom de cet objet.

Nous avons remarqué qu'à la suite de ces trois sortes
de caractères, se trouve encore un espace suffisant pour
en recevoir une autre sorte, qui pourrait faire marcher
de front, l'étude d'une langue ancienne ou moderne,
dont la nomenclature, sans même en donner jamais
de leçon, ne manquerait pas de s'apprendre, à l'aide
de ce moyen ingénieux.

Un second tableau est, comme dit l'auteur, une sorte
de miroir qui réfléchit toutes les bizarreries de notre
langue écrite, dont le nombre s'élève à six cent soixan-
te-douze, tandis que celles de la langue parlée ne s'é-
lèvent qu'à soixante-quinze : différence, cinq cent
quatre-vingt-dix-sept.

Ce second tableau, divisé en quatre parties, présente
dans la première, douze colonnes à la tête desquelles
sont les douze sons simples de la voix. Au-dessous de
chacun de ces sons on aperçoit tous les accidens orthographiques qui, sans indiquer d'autre son que celui
qui est en tête de la colonne, forment une compo-
sition de plusieurs lettres que l'articulation n'indique
pas et qu'un enfant ne saurait soupçonner.

La deuxième partie présente les sons doubles que

l'auteur craint d'appeler diphtongues , pour ne pas
effrayer l'enfance. Celle-ci a dix-sept colonnes , autant
que de sons. Les variétés orthographiques n'y sont pas
aussi nombreuses.

La troisième partie et la quatrième renferment les
tons , ou consonnes , ou articulations , ou indications des
divers mouvemens des touches de la voix.

L'auteur, en divisant les consonnes en autant de fa-
milles qu'on remarque de touches , en présente , au
total , dix - neuf , en réunissant et les faibles et les
fortes , et en comptant *H* , appelée vulgairement lettre
aspirée.

C'est ici que l'auteur , s'écartant des routes battues ,
marche dans une nouvelle , avec le petit nombre de
grammairiens modernes , qui n'ont pas cru devoir donner un son complet pour appui à chaque consonne , pas
même l'*E* muet. Il donne aux enfans une leçon d'épel-
lation parfaitement conforme à la nature de chaque
consonne , en leur disant qu'à l'inspection de chacune
d'elles , il n'y a qu'à mettre en mouvement la touche
organique , sans faire entendre aucun son. Il résulte ,
il est vrai, de cette leçon pratique , que , sans voyelle ,
la consonne ne sonne point. Mais pourquoi sonnerait-
elle quand elle est seule puisqu'elle n'indique point de
son ? sonne - t - elle davantage quand , pour former une
syllable , elle se lie à une voyelle ? c'est la voyelle
seule qui sonne ; la consonne n'ayant d'elle - même
qu'un mouvement sourd qui , rendu éclatant par la
voyelle , a trompé jusqu'ici tous ceux qui ont attribué à
la consonne ce qui n'appartenait qu'à la voyelle.

L'auteur, qui a divisé les sons en simples et en doubles , divise également les articulations. Ainsi , on
trouve , à la suite des dix - neuf articulations simples ,
vingt - trois articulations doubles , et trois articulations
triples , comme dans les mots suivans : *table, gauffre,
gland, splendeur, strapontin, scribe*, etc.

Deux autres tableaux , que l'auteur appelle *comparatifs*, renferment des exemples de mots à difficultés.
Les élèves y ont recours pour s'assurer de l'orthographe
de ces mots , comme on s'assure de la position des lieux
sur des cartes géographiques. Ces tableaux, exposés dans
la classe , sont , au besoin , de fidèles indicateurs qui

4

redressent , à l'instant , le voyageur que pourraient
égarer des routes équivoques , en avertissant les yeux
des mensonges que les sons apportent à l'oreille.

Dans deux autres tableaux , les élèves trouvent 1°.
une méthode sûre pour prononcer , d'une manière diffé-
rente , des mots composés des mêmes lettres. Ainsi ,
portions et *portions* se présentent ; dans l'un , le *t* a la
valeur de l'*s* , et dans l'autre , celle qui lui est naturelle
dans *toi* , *Tityre* , etc. L'auteur dit à l'élève qu'il con-
serve sa valeur naturelle , dans le verbe , et qu'il prend
celle de l'*s* , dans le nom. Placez le pronom *nous*
devant l'un , et l'article *les* devant l'autre , et vous re-
connaîtrez facilement et le verbe et le nom ; car l'article indique le nom , et le pronom indique le verbe.
C'est par ce procédé si simple , et par des moyens aussi
heureux , que cet estimable auteur garantit les élèves de
toute méprise. S'agit-il , par exemple , des mots suivans,
tient , *patient* , *châtient* ? il dit au maître que *ient*
terminant la troisième personne du singulier du présent
des verbes dont l'infinitif est terminé en *ir* , conservent
le son naturel ; que dans ceux dont l'infinitif est en
ier , *tent* ont le son *t* , en appuyant sur cette voyelle ,
et que par-tout ailleurs ces lettres ont le son de *ian*.
C'est ainsi qu'il apprend à généraliser les cas particuliers , en les soumettant à des lois générales.

Mais comme ces raisons seraient trop au-dessus de la
tendre enfance , voici le langage qu'il tient aux élèves :
« Ces quatre lettres *tent* , se prononcent comme *i* quand
» on peut mettre devant les mots qu'elles terminent , *ils*
» ou *elles* ; si au contraire on ne peut mettre que *il* ou
» *elle* , il faut les prononcer comme dans *il tient* , *il*
» *vient* et leurs composés ; si l'on peut mettre *un* devant
» un mot ainsi terminé , on les prononcent *ian* , comme
» dans *quotient* , *expédient* , etc. »

Nous ne devons pas oublier que dans le traité métho-
dique du MÉCANISME DES MOTS DE LA LANGUE
FRANÇAISE , l'auteur n'a pas manqué de parler des
sons propres à chaque voyelle , et qu'il n'a rien omis ,
sur tout ce qui regarde la prononciation de l'*e* qui a tant
de variétés , en français. Il en compte jusqu'à onze ; et
quoique les grammairiens n'en aient reconnu que trois ,
le citoyen PAIN prouve , par des exemples irrécusables

que les diverses nuances qu'il a remarquées, s'élèvent à ce nombre, qui paraît d'abord effrayant et hors de toutes règles. On peut s'en assurer, en lisant les pages 31 à 35 de son Ouvrage.

Ce qu'il dit, à l'égard des consonnes, quant à l'action des touches, auxquelles celles-ci se rapportent, nous a paru le fruit d'une observation juste que chacun peut faire, et on obtiendra le même résultat. On n'a qu'à faire ce que l'auteur prescrit, et il en résultera tous les effets que produit l'articulation de la consonne indiquée. On sera surpris, sans doute, que la manière de connaître la véritable prononciation d'une consonne ne soit pas de la faire suivre d'une voyelle, comme dans *la* ; mais au contraire, de la faire précéder de la voyelle, comme dans *al*. « Essayez, dit-il, de prononcer *al*, « et après l'avoir prononcé, prononcez-le encore, mais « en ôtant *a*, et observez ce qui vous reste. » Et ce qui vous reste est l'effet sourd et muet du mouvement de la touche linguo-palatale, qui est une sorte d'ondulation de son, pareil à celui que rend une corde vibrée, dans l'instant qui suit celui de la vibration.

Les indications de l'action des touches de la voix pour l'articulation des consonnes, nous ont paru parfaitement justes.

Votre Commission ne s'est pourtant pas dissimulé que l'auteur, pour tout soumettre à un système général, a cru devoir retrancher du tableau des voyelles, l'*e* muet qu'on pourrait appeler, par excellence, la voyelle française. Le citoyen PAIN le supprime sans égard pour le service qu'il rend aux consonnes, en leur servant d'appui commun.

Peut-être pourrait-on lui reprocher encore un mauvais choix pour l'indicateur et le signe de la touche gutturale. Car, pourquoi ne pas donner pour prototype, ou même pour chef de la famille gutturale, le *c* au lieu de *q*, ou même le *k* qui mieux encore que le *c* dont la valeur en prononciation est tantôt rude, tantôt douce, semblerait remplir plus convenablement les intentions de l'auteur ? Il répondrait peut-être à ce reproche que le *C* est toujours essentiellement l'indicateur de la touche gutturale sans jamais en indiquer une autre, au lieu que le *c*, qu'il regarde comme lettre parasite, est, ainsi que nous venons de le dire , multiple , par la variété de ses valeurs orales ; que le *k* n'est point une lettre française , qu'il est trop peu usité dans notre langue , pour les préférer l'un ou l'autre au *Q* toujours constant , toujours le même dans son indication.

Ce que votre Commission n'a pu voir sans satisfaction, c'est qu'à la faveur des procédés simples et ingénieux du citoyen PAIN , les enfans de la classe la moins cultivée, sans aucun besoin de Grammaire , apprendront sans routine et par des règles sûres , mises à leur portée , et qui n'en sont pas moins certaines et moins fixes , l'art de parler , de lire et d'orthographier, comme les grammairiens. La Commission pourrait encore vous parler de l'avantage attaché à cette méthode et que procureront les six tableaux qui la rendent populaire , de servir à un grand nombre d'élèves à la fois comme la leçon orale d'un professeur qui parle à un grand nombre d'élèves réunis dans une même salle.

Et de cette communication générale de lumières , il résultera infailliblement une émulation universelle qui excitera tous les amours propres naissans d'une école de lecture , au profit de l'art le plus nécessaire ; et cet art , jusqu'ici le plus rebutant par ses difficultés , ne sera plus qu'une sorte d'amusement instructif.

Il a donc paru à votre Commission que l'auteur mérite des éloges.

A l'Institut national des Sciences et Arts , le 23 Frimaire , an X.

Signé , FRANÇOIS (de Neuf-Château), DOMERGUE et SICARD.

La Classe approuve le rapport et en adopte les conclusions.

Certifié conforme à l'original , à Paris , le 23 Frimaire , an X de la République.

Signé , LAPORTE-DU-THET , *et* VILLAR , *Secrétaires.*

EXTRAIT du Rapport du Jury d'Instruction Publique *, fait au* PRÉFET *du Département de la Seine , le 29 frimaire an X de la République française.*

.... La méthode du Citoyen P A I N est trèingénieuse ; l'Auteur a su mettre à portée d'en tirer de grands avantages ceux qui l'adopteront. Il a recherché combien il y a de sons différens dans la langue françase et toutes les figures sous lesquelles ils se représentent.... Il a fait faire un grand pas à l'enseignement, et il va bien au-delà de tous les ouvrages élémentaires qui l'ont précédé. Une très-heureuse conception l'a conduit à suivre les mouvemens des organes de la parole pour trouver la véritable valeur des consonnes ou touches de la voix ; et cette découverte ne peut être que fort utile pour les maîtres et fort instructive pour les élèves..... Le Jury, tout en convenant que ce qu'il en dit ne suffit pas pour faire connaître tout le mérite de cet ouvrage, pense néanmoins qu'il est bien supérieur à tout ce qui a paru en ce genre ; que les enfans et les étrangers qui en feront usage, parviendront aisément et immanquablement à savoir l'ortographe ; que ce serait un avantage considérable, s'il était possible de le faire adopter dans toutes les écoles de la République : c'est un moyen sûr d'instruire à la fois, mieux et le plus promptement un grand nombre d'élèves, et même de former de meilleurs instituteurs, etc.

Signé, MENTELLE, TRUFFER, LIBES, CHARBONNET, LABEY et DUMAS.

RAPPORT *des* COMMISSAIRES *du Collège de France.*

DE tous les procédés employés jusqu'à ce jour pour enseigner la Langue Française aux Etrangers et la Lecture aux enfans, il nous semble que M. PAIN prend celui qui se rapproche le plus de la nature et de l'intelligence des enfans. Les succès de ses expériences faites sous nos yeux en sont des garans qui méritent la plus grande publicité.

Notre Langue, si difficile par la bizarrerie de son ortographe et par le divorce qui existe perpétuellement entre l'écriture et la prononciation, est enseignée, d'après les procédés de cet Instituteur, avec une précision et une vérité si simple, que les enfans du plus bas âge en retirent, en très-peu de tems, un avantage inconnu jusqu'à ce jour. Nous avons été étonnés d'entendre des Etrangers encore jeunes, après six semaines de leçons, parler aussi exactement que les Français, sans qu'il reste chez eux de ces accens qui les décèlent à la première articulation.

Une Anatomie exacte de toutes les parties constitutives des mots, présentée dans une progression bien combinée et dirigée avec la plus grande précaution, a conduit M. PAIN à cette simplicité naturelle qui se développe aisément et se conçoit sans efforts. L'exercice de ses procédés rend palpables les principes sans lesquels on s'égare dès les premiers pas. Une marche aisée et instructive, des leçons amusantes et à la portée des enfans sont les fruits de ses opérations dont la peine et le travail disparaissent pour ceux qui étudient.

La Méthode que propose M. PAIN, et que nous avons suivie dans différentes séances, est sûre et facile ; ses succès ne sont pas équivoques ; nous avons vu des enfans, après deux mois de leçons, lire le latin, le français et le manuscrit. A ces avantages, elle réunit encore celui de faciliter infiniment l'Orthographe. Nous estimons, en conséquence, qu'elle ne peut être que très-utile et mériter les plus grands encouragemens.

A Paris, dans l'Assemblée de MM. les Lecteurs Royaux, le 13 *Février* 1785.

Pour copie conforme, COUSIN et de COURNAND.

Extrait du Journal de Paris, du 20 *pluviôse an* 10.

Simplifier les procédés d'un art nécessaire, faire en sorte qu'en moins de tems, par des moyens moins pénibles, on parvienne à des résultats plus avantageux, c'est sans doute être utile et bien mériter de la société.

Quand on réfléchit sur la multitude d'opérations secrètes et simultanées qu'exigent l'art de lire et celui d'écrire, on s'étonne qu'il ne faille pas une longue suite d'années, pour s'y rendre habile, et l'on se dit avec Duclos, que *lire et écrire sont de toutes les choses, les plus difficiles.* Mais quand d'un autre côté on voit des enfans, même d'un esprit médiocre, en peu de tems, avec des maîtres d'une capacité commune, parvenir à posséder passablement l'un et l'autre talent, l'on ne peut s'empêcher d'admirer la richesse de la nature, la magnificence qu'elle a mise dans les dons qu'elle a départis à l'homme, et ce nombre infini de facultés

peut elle l'a doué , toujours prêtes à se développer dès
que l'occasion leur en est fournie.

Il est néanmoins dans les arts de lire et d'écrire , des
difficultés qu'une longue habitude fait à la vérité éva-
nouir , mais qu'un enseignement plus parfait , de bonnes méthodes , des maîtres exercés , applaniraient plus
promptement et beaucoup mieux que ne peut le faire une
routine aveugle. Ces difficultés résultent principalement
de la différence de la prononciation à l'orthographe.
Souvent en effet il y a *identité* de prononciation pour
des syllabes très-*diverses* , et souvent encore *diversité*
de prononciation pour des syllabes *identiques*. Préparer
un fil pour se tirer des détours embarrassés de ce laby-
rinthe , n'est pas rendre un médiocre service à l'art.

Les égards dus à la première enfance , semblaient
sur-tout solliciter la recherche de ces moyens. Il paraissait aussi doux que juste de tâcher d'écarter de la
seule époque de la vie qui soit affranchie des grandes
peines , ces épines de la première instruction , dont nous
nous souvenons encore d'avoir été blessés.

On peut se flatter d'être parvenu à ce but désiré.
« Le citoyen Pain , après 20 années de fastidieuses recherches , de longues et pénibles observations , et après
s'être entouré de tous les secours et de toutes les lumières , semble avoir atteint le degré de perfection , vers
lequel se portaient depuis si long-temps tous les vœux et
tous les efforts. »

Ce suffrage, en faveur de l'ouvrage du citoyen Pain ,
n'est pas de nous. En le partageant , nous devons préve-
nir qu'il vient d'une source qui le rend plus flatteur et
qui lui donne plus de poids. C'est le jugement qu'en ont
porté des commissaires de l'institut nommés pour exa-
miner son systême. C'est le jugement de l'institut lui-
même , puisqu'il a approuvé le rapport qu'on lui a fait
et qu'il en a adopté les conclusions. Dans un autre rapport mis sous les yeux du Préfet du département de
Paris , le jury d'instruction a énoncé la même opinion.
Enfin depuis long-temps (dès 1785) , après avoir as-
sisté à plusieurs séances des instructions du citoyen Pain,
et s'être assuré du fruit qu'on en retirait , le collège de
France s'était prononcé dans le même sens. Le travail
de l'auteur et l'utilité de sa méthode sont donc jugés : il

ne nous reste qu'à faire connaître son livre et ses moyens d'enseignement.

Il traite d'abord des sons. Il en trouve 12 dans notre langue. Il donne des éclaircissemens sur leur prononciation ; il s'étend principalement sur celle de l'*e*, susceptible de différentes modifications fort délicates. Viennent ensuite les articulations des consonnes. Il parcourt toutes les figures ; il donne des règles simples et sûres pour la prononciation de certaines syllabes, où la bizarrerie des usages se signale particulièrement. Telle est par exemple, la réunion de ces quatre lettres *ient*, qui sonnent différemment dans *patient*, ils *vient* et ils *prient*.

Dans l'article de la *syllabisation*, il se trouve de bonnes observations sur l'*e* muet ; enfin, l'auteur explique sa méthode d'instruction avec assez de clarté, pour que, non-seulement les maîtres et les maîtresses, mais encore les pères et les mères, et quiconque le voudra, puissent la saisir et la mettre en pratique. Ce serait dérober quelque gloire à son travail, que de passer sous silence ses explications du mécanisme de l'organe vocal, dans l'émission des sons. Quoiqu'à cette occasion on ne puisse s'empêcher de se rappeler une des bonnes scènes comiques (*) de notre théâtre, on n'en sent pas moins le mérite de ces observations judicieuses, leur utilité dans beaucoup de circonstances, et sur-tout l'étroite connexion qu'elles ont avec le plan du cit. Pain.

Ses moyens d'enseignement consistent dans des tableaux qui, parlant aux yeux, rappellent, dès qu'on veut y jeter la vue, la leçon donnée, et l'impriment plus profondément dans l'esprit. Ces tableaux sont au nombre de six. Le premier contient les élémens de la parole et de la lecture. Il joint à des images connues, les lettres dont on veut rendre le caractère familier aux enfans, avec la combinaison, dont il s'agit, d'enseigner la prononciation ou l'orthographe. Le second offre les sons et les articulations simples ou doubles. Le troisième et le quatrième, sous le nom de tableaux *comparatifs*, contiennent une longue liste de mots à difficultés, et offrent de grandes facilités, pour acquérir promptement l'habitude de l'orthographe qu'on peut appeler *arbitraire*, parce que n'étant le résultat d'aucune rè-

______

(*) Le Bourgeois gentilhomme.

gle , c'est par l'usage seul qu'on peut parvenir à la connaître. On a réuni , dans un étui , les 72 figures du premier tableau , et donné par-là un moyen de déguiser sous la forme d'amusement , sans que l'instruction y perde rien , les leçons données au premier âge.

Nous nous excuserions de nous être étendus sur tous ces détails , s'ils étaient d'un moindre intérêt. Mais les pères et les mères forment la *presque* totalité de la société , et les enfans en sont l'espérance. Ce qui diminue la peine des uns dans les soins d'une éducation qui leur importe , ce qui épargne des dégoûts , et même des larmes, à des objets qu'ils chérissent, ce qui hâte des progrès ardemment désirés , ne peut leur être indifférent , ne peut l'être à personne.

Mais ce n'est point aux pères et aux mères seulement, ce n'est pas seulement à ceux qui se chargent d'enseigner l'enfance , que la méthode du citoyen l'aîn sera utile : les étrangers qui veulent apprendre le français , en retireront plus d'avantage encore , et ses tableaux leur applaniront la plupart des difficultés qui les désespèrent.

Ces difficultés , au reste , ne sont pas particulières à la langue française. Tous les idiômes ont les leurs , tous ont des bizarreries qui , peut - être , tiennent à la nature du langage , ou même à celle de l'organe , sur lequel des philosophes ont pensé que le climat et les habitudes nationales avaient de l'influence.

Extrait du Moniteur , du 8 pluviôse an 10.

Cet ouvrage est d'une utilité qui paraît incontestable. C'est un livre élémentaire qui manquait encore à notre langue. Renvoyer aux différens témoignages honorables que des autorités savantes en out rendus , c'est en faire le plus bel éloge et le recommander le mieux , etc.

Extrait du Citoyen Français , du 5 pluviôse an X.

Le plus grand vice des langues vivantes , c'est que journellement leur prononciation varie , sans que leur orthographe change ; telle est la raison de l'énorme différence qui existe entre la langue parlée et la langue écrite. L'auteur de cet ouvrage a eu la patience et le courage de disséquer tous les mots français , pour en connaître et nombrer les bizarreries. Séparant la langue

de l'oreille de celle l'œil , il a trouvé que la première se
compose de 75 figures , et la seconde de 672 , représen-
tées sur des tableaux infiniment curieux et instructifs ,
quand on en connaît la marche.

« Les étrangers pourront maintenant parler en peu de
tems notre langue. Les enfans , même de la classe la moins
cultivée , dit le rapport de l'institut national , apprendront l'art de parler , de lire et d'orthographier comme
les grammairiens , sans aucun besoin de grammaire ,
sans routines et par des règles sûres , mises à leur
portée , et qui n'en sont pas moins certaines et moins
fixes. » Le jury d'instruction publique fait des vœux pour
que cette méthode soit adoptée dans toutes les écoles de
la république , comme un moyen très-sûr d'instruire
promptement un grand nombre d'élèves à la fois , et de
former de meilleurs instituteurs.

Nous dirons que le gouvernement , qui sait que
l'instruction est préférable aux lois les plus sages , trou-
vera dans l'ouvrage du citoyen Pain un moyen propre à
propager aisément les lumières , sans lesquelles les talens
restent dans l'inertie.

Si les ouvrages en tous genres peuvent éclairer le
berger comme l'homme d'état , il n'y aura plus d'art
qui ne fasse de rapides progrès: la langue même deviendra
une comme la république ; enfin , on ne dira plus que
l'art le plus important , l'art d'apprendre à parler , à
lire et à orthograhpier , soit le seul qu'on se rende
familier sans règles comme sans principes.

Extrait de la Gazette de France , du 6 pluviôse an 10.

L'auteur de cet ouvrage , après vingt années de fastidieuses recherches , de longues et pénibles observations , et après s'être entouré de tous les secours et de
toutes les lumières , semble avoir atteint le degré de
perfection vers lequel se portent depuis si long-tems
tous les vœux et tous les efforts dans cet art intéressant ,
dont la connaissance sert d'introduction à tous les autres.
— Nous sommes convaincus qu'il a surpassé tous les
rivaux qui l'ont précédé , et que sa methode est la plus
facile , la plus sûre , la plus propre et la plus courte
qu'on connaisse pour apprendre à la fois le mécanisme
de la parole , de la lecture et de l'orthographe.

Le cadre de cette feuille ne permet pas d'y présenter les différens tableaux de la langue parlée que le citoyen Pain offre dans son ouvrage. Mais nous avouerons que rien ne nous a paru plus ingénieux et plus utile pour les étrangers à qui notre langue n'est pas encore familière, et pour les enfans qui, à cet égard, sont aussi des étrangers.

Le rapport que le jury d'instruction publique a fait sur cet ouvrage au préfet du département de la Seine, et celui de l'institut national, justifient nos remarques. Ils déclarent que ce serait un avantage considérable pour les élèves comme pour les instituteurs, s'il était possible de faire adopter, dans toutes les écoles de la république, *la méthode usuelle pour apprendre à parler, à lire et à écrire la langue française en peu de tems.*

Extrait du Journal des Débats, du 21 ventôse an X.

Tout le monde s'accorde à dire que notre orthographe est extrêmement vicieuse et bizarre? En effet : « Qu'est-» ce que lire ? dit l'auteur de cette méthode. C'est » corriger à chaque mot les illusions et les impostures » gratuites de l'orthographe. » Il s'agissait, pour enseigner à lire, de découvrir tous les accidens orthographiques des mots de la langue, de les soumettre à des règles, et de donner des moyens aisés de les peindre à l'œil quand on veut écrire avec exactitude ; c'est ce que le citoyen Pain vient d'exécuter d'une manière admirable. Ses procédés sont d'autant plus excellens qu'ils n'exigent aucune tension d'esprit, et qu'ils sont rendus palpables même à la plus tendre enfance.

Savoir : 1°. Que les mots ne sont composés que de sons et de consonnes ; 2°. pouvoir distinguer le singulier du pluriel, c'est-à-dire, concevoir qu'un n'est pas égal à deux, suffit pour comprendre toute cette méthode. Un exemple pris dans les plus grandes difficultés le prouvera davantage : *Il convient que votre parent et votre ami qui se parent pour aller au bal, vous convient de les y accompagner.* Voici des mots qui se composent des mêmes lettres, qui se prononcent différemment et qui expriment diverses choses. Ce double problème n'a jamais été résolu par les instituteurs, qui se sont toujours contentés de dire à leurs élèves : *Dites comme moi.* Le citoyen Pain ne présente pas la seule règle grammaticale, il y joint un principe pratique infiniment simple ; il procède ainsi : 1°. *ent*, terminant la troisième personne du pluriel des verbes ne se prononcent pas, mais bien la consonne ou le son qui les précède, comme dans ils *couvent*, ils *content*, ils *affluent*. Si, au contraire, cette réunion est la finale d'un substantif, d'un adjectif ou d'un adverbe, elle donne la valeur du son plein *an* ; exemple : Un *couvent*, un *parent* n'est pas *souvent content* de, etc. ; 2°. *ient*, terminant la troisième personne du singulier du présent d'un des verbes *tenir* et *venir* ou de leurs composés, se prononcent comme le veut l'usage ; mais s'ils terminent la troisième personne du pluriel du présent de l'indicatif des verbes dont l'infinitif est en *ier*, ils donnent la valeur de l'*i* un peu appuyé, comme dans *ils couvrent, prient, étudient,* etc. Ils font encore entendre la diphtongue *iant* dans les substantifs qu'ils terminent ; ainsi on dit l'*orient*, le *quotient*, l'*expédient*, etc. Dans le premier cas, si on peut mettre *ils* ou *elles* devant les mots terminés par *ent*, cette combinaison ne se prononce pas : par - tout où on ne peut les supposer sans choquer l'oreille, *ent* se prononcent *an*.

Dans le second, si *il* ou *elle* précède le mot ainsi terminé, ou si l'on peut y supposer l'un ou l'autre, on doit prononcer *tient* et *vient* comme dans *chien*. Si au lieu de ces pronoms singuliers, on trouve, ou si l'on peut supposer leur pluriel devant les mots, *ient* se prononcent *i* ; enfin, si le mot peut souffrir *un* devant lui, on doit prononcer *ient* comme dans *châtiant, étudiant,* etc. : d'après cela plus de peine pour lire *quotient, patient, orient,* etc.

C'est par - tout des moyens aussi aisés et aussi ingénieux que le citoyen Pain offre aux instituteurs et aux pères de famille ; c'est en les employant avec adresse, qu'ils peuvent accélérer les progrès des élève, sans surcharger leur intelligence, souvent trop faible pour entendre et vaincre de semblables difficultés. Nous exhortons donc tous ceux qui enseignent ou qui désirent savoir, à parcourir ce précieux ouvrage. Ils y verront, comme nous, que c'est la première fois qu'on trouve des règles pour apprendre l'art le plus indispen-

sable ; nous voulons dire , l'art de parler , de lire et
d'orthographier notre langue.

Nous partageons volontiers l'opinion de l'Institut national sur cet ouvrage , lorsqu'il dit : « Que l'auteur a
» surpassé tous ses rivaux qui l'ont précédé ; que sa
» méthode est la plus propre , la plus courte , la plus
» facile et la plus sûre qu'il connaisse ; que les enfans
» de la classe la moins cultivée , apprendront à-la-fois ,
» par des règles sûres et mises à leur portée , le méca-
» nisme de la parole et de l'orthographe. »

Le Jury d'instruction publique pense : « Qu'à la fa-
» veur de cette méthode les enfans et les étrangers
» parviendront aisément et immanquablement à savoir
» l'orthographe , et que ce serait un avantage considé-
» rable , si elle était adoptée dans toutes les écoles de la
» république. »

*Extrait du Journal du Commerce , de Politique et de
Littérature , du 11 pluviôse an X.*

Présenter à l'œil dans une seule page toutes les bizarreries de notre langue , ou plutôt , tout le mécanisme
de la parole et de l'écriture ; donner des moyens de
parler , de lire et d'orthographier sans une étude ap-
profondie de la grammaire , paraissait un problême inso-
luble. La méthode que nous publions offre ce précieux
avantage.

*Extrait de la Décade Philosophique , Littéraire et
Politique , du 30 pluviôse an X.*

Tout le monde sait combien l'art de la lecture,
seulement matérielle , présente de difficultés. Mille fois
on s'est plaint du contraste fréquent et bizarre qui se
trouve entre la prononciation et l'orthographe ; des
Grammairiens célèbres , l'abbé Girard , Duclos , De-
wailly ont voulu inutilement les concilier ensemble , ou
du moins les rapprocher l'une de l'autre ; on les a traités
de novateurs , d'hérétiques , de philosophes , et là ,
comme ailleurs , la routine a repoussé la raison. Vol-
taire , lui seul , qui s'est tant fait lire et apprendre par
cœur en vers et en prose , est parvenu à introduire
quelques améliorations dans l'orthographe française.

Les étrangers et les enfans, lorsqu'ils apprennent à lire notre langue, sont condamnés à deviner une foule d'énigmes. On a cherché toutes sortes de manières de rendre la lecture plus simple et facile. Un ministre (1), homme de lettres et citoyen distingué, n'a pas dédaigné, pendant son ministère même, de faire un livre sur la meilleure méthode d'enseigner à lire aux enfans ; et ce livre est le résultat de plus de soixante volumes qui avaient été écrits avant lui sur cette matière.

Après vingt ans de travaux et de recherches, le citoyen Pain est arrivé à des procédés fort ingénieux et à une sorte de système à l'aide duquel il décompose les mots de la manière la plus naturelle. Il distingue les sons ou voix, les articulations ou touches fortes et faibles; et sa *syllabisation*, si l'on peut employer ce mot, est meilleure que celle dont on a fait usage jusqu'à présent. Il a aussi recueilli et rapproché dans des tableaux bien faits, tous les sons qui, étant semblables à l'oreille, s'écrivent de diverses manières dans des mots différens, comme *soie*, *doigt*, *voix*, etc. Il donne aussi une règle facile et à la portée des enfans eux – mêmes, pour distinguer les différentes prononciations d'un mot absolument semblable, quant à la manière d'être écrit, comme : un *parent* et ils *parent* ; ils *expédient*, et un *expédient*, etc.

Il recueille les témoignages les plus flatteurs du *jury d'instruction publique*, des commissaires de l'*Institut national*, etc.; .... et ce qui vaut mieux encore, l'expérience a confirmé la bonté de sa méthode.

Nous la recommandons aux instituteurs et aux pères et mères de famille qui montrent eux – mêmes à lire à leurs enfans. Ils gagneront beaucoup de tems, et pourront épargner beaucoup de peine à leurs petits élèves.

(1) François (de Neuf-Château), alors ministre de l'intérieur, aujourd'hui membre du sénat conservateur.

A Paris, à l'Imprimerie de l'École – Française, rue des Prouvaires, n°. 546.

www.ingramcontent.com/pod-product-compliance
Lightning Source LLC
LaVergne TN
LVHW021805060726
842528LV00003B/1157